AF728055

DES
TROIS POUR CENT.

SECOND APERÇU.

BIBLIOTHÈQUE ROYALE

Noli me tangere.

PARIS,
A. ÉGRON, IMPRIMEUR-LIBRAIRE,
RUE DES NOYERS, N° 37;
PONTHIEU, LIBRAIRE, AU PALAIS ROYAL.
1825.

2

Il n'y a pas même de question.

« Mes chers Messieurs, vous plairait-il faire l'abandon d'un cinquième net de votre revenu, au moyen de quoi il vous sera loisible, avant peu, d'aliéner le capital avec un cinquième de perte. »

Mon bon seigneur, cette vie n'est qu'un provisoire : il faut le mener aussi loin qu'il se peut : nous restons *in statu quo ;* nous gardons notre revenu intact.

Avant cent ans, y aurait-il moyen de nous rembourser? L'emprunt ne se ferait jamais au-dessous de 4 pour 100; et ce serait chose impossible, loyalement, pudiquement, fiscalement même, de ne pas accepter le rentier pour prêteur, de ne pas lui proposer la conversion à 75.

Or, d'ici là, le 1 pour 100 sauvé sur le revenu se sera doublé, quadruplé, se sera capitalisé peut-être par la puissance de l'intérêt composé.

Mais qund et comment nous rembourser? Suivant le sens de vos paroles, le terme est éloigné et indéfini; suivant le cours des choses, des obstacles dirimans doivent survenir; suivant l'oracle des temps, nul ministre n'est éternel.

A quel prix les milliards se donneraient-ils? L'emprunt de 420 millions, en 1823, n'a été contracté à 6 pour 100 que sur la foi de vos décevans projets : celui de 570 millions, en 1824, n'était consenti à 4 pour 100 qu'au moyen d'une prime au comptant et d'une hausse en perspective.

Et la baisse de l'intérêt gît dans le vague des limbes, tant qu'à votre signal un monde nouveau n'aura pas jailli du chaos.

En attendant, par un effet de votre grâce, l'amortissement nous est garanti au-dessous du pair : ce qui advenant, laisserait retomber les 3 pour 100 à plat, suivant les lois de la gravité.

Puis votre tendresse paternelle s'est époumonée à exposer en bons termes les périls du jeu, apparemment pour nous prémunir contre les 3 pour 100, dont tout l'attrait est à la hausse et à la baisse.

Nous ne voulons pas jouer : jouez pour nous,

plutôt; vous avez la main heureuse : nous ne bougeons pas de notre case; jetez les dés. *Beset* retourne. Quel mal y a-t-il donc que la bànque saute?

Rien n'étonnerait moins. Les armées sont en présence; passons la revue.

D'un bord, les vieilles bandes de France, au pas tranquille et lent, au dos courbé sous le havresac; de l'autre, les pandours de Gascogne, portant le nez au vent, vêtus à la sans-culotte.

Qu'il survienne malheur ou peur; que le chef tombe seulement : les conscrits prennent la déroute; sauve qui peut. Et point de refuge; le pont-levis est pourri.

Quant aux bandes, elles sont éprouvées : un échec les rallie, le pays leur prête main-forte.

Soyons de sang-froid, monseigneur. Vous ne cautionnez pas, sur votre tête, nos 5 pour 100 au pair : eh bien, tombent-ils à 95, seulement à 97, la magie blanche est dévoilée, les 5 pour 100 se précipitent à 60 et au-dessous.

Le jeu est beau, et, de plus, il ne faut pas de mise. Nous jouons, cette fois; nous vendons du 5 pour acheter du 3 : il y a un gros bénéfice en capital effectif, et le mince déchet sur le revenu se compense justement avec l'énorme excédant en capital nominal.

Mais, applaudissez donc : nous avons suivi vos conseils ; votre parole a porté son fruit.

« On voudra bien se rappeler qu'il y a beaucoup de bon sens dans notre pays ; nous avons confiance dans cette rectitude de l'opinion, et nous nous en rapportons à elle pour faire justice...... Un autre auxiliaire, c'est l'intérêt privé ; nous savons très-bien qu'il nous secondera. Chaque rentier est là pour faire son calcul ; et soyez sûr qu'il le fera suivant son grand intérêt. Nous ne demandons pas autre chose..... »

« Eh bien, nous nous en rapportons à *ces deux grands juges*, de l'opinion éclairée, impartiale, d'une part, et de l'intérêt particulier, de l'autre. » (*Moniteur* du 19 mai 1825, page 787.)

La belle pensée ! le beau langage ! Voilà deux grands juges installés de votre façon : comment en appeler ? Monseigneur, subissez l'arrêt.

Versailles, 2 juillet 1825.

DES
TROIS POUR CENT.

Qu'y avait-il à faire? Laisser aller les cœurs, les esprits, les choses; laisser la France se royaliser par les effets lents, mais certains du temps, du calme, du bien-être, de l'amour surtout.

Pour lors la plume serait tombée des mains; ou plutôt il n'eût été tracé qu'une seule ligne, où le glorieux mortel, instrument prédestiné de la Providence, aurait eu sa digne part au tribut d'actions de grâces.

Et qu'a-t-on fait? il faut frémir en y pensant; il faut se débattre douloureusement entre le regret de ces temps riches des plus doux présages, et l'effroi de cet avenir gros de la crise la plus funeste.

Nous fuyons devant le triomphe; nous marchons vers la ruine : les yeux se ferment à la lueur des éclairs; la foudre les ouvrira, trop tard, trop tôt.

Mais il n'est question, ici, que des systèmes de crédit, que des lois sur la dette publique; car de nos jours, on prétend faire du crédit avec des systèmes et se défaire de sa dette avec des lois.

Veut-on apprendre comment les affaires ont été conduites à cet égard? qu'il soit fait une enquête sur les suites du déclassement, opéré lors du premier projet. L'œuvre est facile : il n'est besoin d'interpeller les victimes. Les cabinets des receveurs des rentes qui tournent en déserts, les boutiques qui s'étouffent, les bâtisses qui se croisent, et les prêts qui courent les aventures, et les fonds qui se cachent en quelques réduits : tout ne parle-t-il pas?

Réglez le bilan de chacun à un ou deux ans de date; vous n'obtiendrez pour balance que douleur et misère; car ce sont les petits et moyens rentiers que la terreur a frappés, que la prévision n'a pas servis; timides et frêles existences, menacées de périr à chaque altération un peu brusque de l'économie sociale, également foulées et brisées dans ses mouvemens d'ascension et de dépression; à qui la loi devait se dévouer et qui n'ont plus qu'à se retirer devers la Povidence.

Voilà l'acte d'une pensée, voilà l'œuvre d'un projet; et le ministre n'a pas été rendu responsable d'une telle déperdition de capitaux, d'une telle désaffection des esprits! et l'année de deuil n'est pas écoulée, qu'il a déjà repris, en toute sécurité, ses fatales brisées!

Toutes choses sont mal entendues en France. Les formes anciennes éprouvent une métamorphose; il est dressé un simulacre de gouvernement représentatif: « Tombez à genoux, badauds, s'écrie la voix de stentor; et surtout ne levez pas les yeux. »

Ainsi le trône a voilé sa lumière tutélaire et la loi perce à peine à travers les ténèbres. Qu'est-ce donc qui resplendit? au lieu du fanal qui éclairait, c'est la torche qui incendie. Le ministère apparaît seul. Quel qu'il soit, malheur à nous, malheur à lui.

Sans les mœurs point de lois; hors la règle, point d'ordre. L'Angleterre nous a prêté son système; elle nous en dicte les conditions. Le ministre déclare la guerre; les chambres fournissent les moyens: s'est-il avancé à l'aveugle! leur adhésion lui est-elle refusée? sa tête ou sa place répond.

Le ministre pelotte avec le crédit, rature des contrats, trahit des attentes, brise des habitudes; la peur gagne et le désastre s'accomplit. Si les Chambres adoptent, il jouit du bill d'indemnité: si non, c'était à lui de s'enquérir; c'est à lui de subir.

En France le contraire a lieu. L'an dernier, le plan avorte ; et le ministre n'en est que plus hardi, plus entreprenant.

Il foule aux pieds ses ennemis vaincus.

Cette année, le plan est sanctionné : et les fauteuils sont ébranlés, la table craque ; quelque malaise agite les têtes, peut-être les consciences.

Franchissons six semaines : le plan a réussi ; la conversion est générale ; les mécréants sont abandonnés au remords. Quelle joie dans le camp !.... Il y a de quoi trembler plutôt : un nouvel étage est construit sur ces murs encore mal rassis et vous enlevez une part des étais : tous vos locataires vont s'enfuir.

Le 5 pour 100 sera-t-il laissé en paix? l'ennui gagne, l'espoir est déçu ; celui-ci s'échappe, puis celui-là. Le capital chiffré s'abaisse au niveau de l'intérêt compté.

Le 5 pour 100 doit-il être fouetté de main de maître? rien ne l'arrête ; aux champs de l'idéal, il n'y a point de limites. Dites votre taux, 80, 85 ; il y est rendu. Mais de quel fardeau ne s'est-il pas chargé chemin faisant? Au point culminant, la mécanique fléchit ; et ses ressorts fatigués d'une tension excessive s'aplatissent.

Le ministre a tout bravé : la débâcle l'emporte.

Je n'ai fait que passer, il n'était déjà plus.

Un homme domine,

> Du droit qu'un esprit vaste et ferme en ses desseins
> A sur l'esprit grossier des vulgaires humains.

Il domine le monde : combien de charlatans y ont réussi ! Se domine-t-il lui-même ? Nul philosophe n'y est encore parvenu.

L'homme trompe, une fois, dix fois, cent fois : n'ouvrez pas la bouche ; vous n'obtiendriez de lui que des réponses évasives et dilatoires. Attendez plutôt. Les sources du vrai bouillonnent sous le roc de la conscience, et se font jour enfin à travers l'encombrement des mensonges. L'homme s'est trahi ; saisissez-le sur l'heure, garottez-le ; vous possédez tous ses secrets, vous connaissez ses erremens futurs, mieux qu'il ne les connaît lui-même.

Mais laissons les généralités, et descendons au niveau des circonstances.

Le ministre a trop parlé : ses souteneurs s'en plaignent hautement. C'est le sort des commentateurs, d'être diffus et redondans. Platon n'est-il pas enseveli sous une montagne de volumes ?

Or, le ministre n'est point créateur. En 1824, l'esprit qui lui soufflait la leçon, s'est dévoilé par un écrit remarquable, où se trouve le cachet de la conception primitive. En 1825, l'influence n'est plus la même, et l'ascendant est le même : en colportant le nouveau projet, de tribune en tribune, le gardien du trésor se fait courtier de banque : les Chambres se portent pour cautions; les peuples paieront l'escompte.

Néanmoins le ministre a quelque idée à lui, quelque maxime ou quelque manie, suivant qu'il plaira de la dénommer; et comment ne viendrait-elle pas à s'échapper d'une langue en mouvement perpétuel? Pour la discerner à travers tout ce fatras d'emprunt, voici la pierre de touche.

Une idée ne peut-elle advenir à aucun autre, cette idée lui appartient : une phrase n'a-t-elle pu être dictée par personne, cette phrase lui est inspirée. C'était à ces caractères mêmes que se faisaient reconnaître les oracles de l'antre de Trophonius.

Et voici l'idée, voici la phrase, à moins que le Moniteur ne se soit trompé.

« *Séance des Pairs, du 12 avril 1825.*

« C'est une erreur. Il est bien vrai qu'en émettant une somme de 30 millions de rentes, on ajoute cette somme aux charges des contribuables, ou du moins on les prive d'un dégrèvement égal qu'on aurait pu leur accorder; mais l'émission de ces rentes donne *au même instant* aux indemnisés un capital *d'un milliard* qu'ils peuvent *réaliser* à leur gré, et qui augmente la masse de la richesse publique dans *une proportion bien supérieure* à celle de la charge qu'impose le service des intérêts. Le ministre n'ignore pas tout ce qu'on peut dire contre cette assertion; mais si elle n'est pas exacte, comment expliquer *cette multiplication* des capitaux, cet accroissement *prodigieux* de la prospérité depuis l'époque où nous sommes entrés dans la route du crédit, depuis le moment où nous avons commencé à faire usage de ce *moyen puissant*, qui a porté à un si haut degré la richesse et l'industrie d'une nation voisine?

L'absurde ne s'était pas encore épanché aussi largement; il fallait bien que le trop plein de l'outre fût évacué. A peine est-il décent d'en dire deux mots.

C'est un milliard qui se réalise à l'instant! Un milliard qui ne pèse que 600 millions! Les indemnisés n'ont pas soufflé ceci.

Plus loin, c'est un papier qui augmente la masse de la richesse publique : jadis, c'était le travail; mais ses fruits sont trop lents à mûrir. Les économistes mêmes n'ont pas soufflé cela.

Puis, c'est le crédit qui explique la multiplication des capitaux, qui opère la prodigieuse prospérité. Quant au retour de l'ordre et de la paix, le ministre n'en tient compte. Les royalistes ne l'ont pas soufflé.

Enfin, le crédit est le moyen qui a porté à un si haut degré la richesse de l'Angleterre. Il fallait dire plutôt : la richesse nationale est le moyen qui a porté à un si haut degré le crédit de l'Angleterre. Un fatal quiproquo a fait prendre l'effet pour la cause. Smith et Pitt ne l'ont pas soufflé.

En mes heureuses mains le papier devient or.

Voilà sa devise, et voici celle de Sully : *Labourage et pacage, sont les mamelles de la France.*

Le sort en est jeté. Au moyen d'une allonge en papier, aux 600 millions de l'indemnité, et d'une autre allonge de même sorte, aux trois milliards du grand-livre, tout-à-coup la richesse publique se voit augmentée dans *une proportion bien supérieure* : c'est reconnu.

On ne peut s'arrêter en si belle route ; bon ou mauvais, le gîte n'est pas loin. Défiez-vous donc : le génie rumine *in petto ;* il couve du neuf.

Déjà quelques jalons ont été plantés de droite et de gauche, à travers les immenses stèpes du crédit. « Pour l'armée et la marine, pour les places et les routes, quels inconvéniens y aurait-il donc à faire un usage modéré du crédit? » Telle est la dernière parole de la dernière séance de la dernière session (10 juin).

Cette fois, il ne s'agit que d'un milliard écus, accolé, suivant la bonne règle, d'un demi milliard papier, en sus des 500 millions et plus, voués aux canaux futurs.

Récapitulons :

Grand-livre.	4 milliards.
Indemnités	1
Armée, etc.	1 $\frac{1}{2}$
Canaux.	» $\frac{1}{2}$
Milliards.	7

Law et Cambon ont ainsi commencé.

Et comment ont fini leurs actions, leurs assignats? Comment finiront les 3 pour 100 de seconde origine, même nos patrimoniaux 5 p. 100?

Ludimus : interea nos luditur hora.

Pour faire bonne justice, faut-il plaindre plus que blàmer, ou blâmer plus que plaindre? On ne sait trop auquel courir d'abord; chacun choisit au gré de ses penchants entre l'une et l'autre voie, également certain de marcher sous les bannières de la saine logique.

Que les esprits enclins à dénigrer, impatiens de morigéner, se rassasient à loisir: la pâture ne leur manquera pas, et de jour en jour elle s'assimile davantage aux sardoniques appétits.

Mais c'est aux autels trop déserts de la pitié, qu'un cœur quelque peu tendre sacrifie et se sacrifie lui-même; car la sensibilité rend solidaire avec tous les êtres à face humaine, y compris le ministre.

Doit-il arriver qu'un cerveau frappé, qu'une langue mal attachée, se perdent dans des imbroglios sans fin, posant des principes au hasard, tirant des conséquences à rebours, voyant ce qui n'est pas, et ne voyant pas ce qui est, le cœur saigne aussitôt.

Pour en donner un exemple, comment ne saigneroit-il pas, lorsque le motif le plus frêle, le plus fortuit, induit à une mesure gigantesque. Or, il faut en croire le ministre, ou cette fois ou jamais, car sa pensée fut mûrie en silence, sa parole rédigée à l'aise ; et, chose rare, la concordance est parfaite entre les exposés faits aux deux Chambres.

La scène s'ouvre par un monologue. L'orateur s'entend sans doute : sera-t-il écouté ? Le mérite modeste a si peu de succès ! Pourtant on chercherait en vain, dans le théâtre des Grecs, une exposition du sujet, qui fût aussi claire, aussi simple.

DRAME EN DEUX ACTES.

ACTE PREMIER.

SCÈNE PREMIÈRE.

LE MINISTRE, *seul.*

« Messieurs, le projet sur l'indemnité autorise l'inscription de 30 millions de rentes..... Trouver le moyen de supporter cette dette, sans affecter le crédit, sans accroître les impôts, sans affaiblir les services publics, telle était la tâche qui nous était imposée.... Nous venons vous soumettre les mesures financières les plus propres pour atteindre ce but. »

ACTE SECOND.

SCÈNE PREMIÈRE.

LE MINISTRE, *seul.*

« Messieurs, la création de 30 millions de rentes (1) a dû appeler l'attention du gouvernement sur l'action de l'amortissement et sur la *composition* de la dette de l'Etat... Une loi a paru indispensable : nous venons vous en exposer les principaux motifs.... Au moyen des 3 pour 100, nous sommes parvenus à rendre l'indemnité tout-à-la-fois plus juste et plus efficace, en portant son capital au montant de l'estimation faite, en mettant en rapport le taux de l'intérêt des rentes avec le revenu des biens-fonds. »

A la vérité, il est parlé dans le courant des deux tirades, de la dette compacte, de l'action de l'amortissement entravé, du crédit public comprimé, de valeurs parvenues à leur apogée, d'un nouveau champ offert au crédit, du lévier de force de l'amortissement, de l'espoir fondé d'un dégrévement, de la baisse générale de l'intérêt à 4 pour 100, etc., etc., etc.

---

(1) *Nota bene.* Le ministre ajoute ici une phrase sur l'emprunt, qui est sans nul rapport avec le projet de loi, et dont il n'avait pas encore été question.

Mais il avait été parlé aussi, dans l'exposé des motifs en 1824, de la fièvre à la hausse, de la manie des prêts, de l'élan donné à l'élévation du cours, des circonstances transitoires du crédit, toutes choses qui, sans doute, n'étaient pas mises en avant à titre d'argumens.

Une année comme l'autre, il a fallu remplir le cadre obligé : de là ces agrémens du discours, ces fleurs de rhétorique, ces lieux communs du genre romantique, qui font toujours passer un quart d'heure ou deux. Voilà le mot de l'énigme.

La conception primitive se retrace dans toute sa pureté, en ces dernières paroles : « Tel est, Messieurs, le plan financier au moyen duquel vous pourriez accomplir la grande mesure politique qui doit honorer à jamais cette session. »

Vous voyez ; le plan financier, la mesure politique, c'est le moyen et la fin, c'est la voie et le terme.

Or, n'est-ce pas jouer de malheur ? Et combien de peines, de troubles, de risques ; combien de plaintes, de blâmes, de haines, il faut encourir et subir, pour mener à bien ou à mal, suivant que chacun l'entendra, l'opération la plus simple, la plus facile qui fût au monde.

Etait-il donc besoin de financer encore, de finasser toujours, pour bailler tout bonnement 30 millions 5 pour cent, avec l'intérêt courant, aux indemnisés qui y gagnaient en écus, en temps, en repos; pour prélever le service de ces rentes, sur la superfétation du fonds d'amortissement, qui se trouvait d'autant moins exposé au péril d'acheter au-dessus du pair; pour ménager ainsi la race acclimatée des rentiers, qui ne sont pas tant à mépriser, ayant pour fonction de fournir des enfans et des subsides, et de soutenir le crédit par la stabilité de leurs placemens.

Etait-il besoin de garantir un dégrévement parcellaire, avant que l'espoir en fût fondé sur l'excédant net du revenu, de donner l'essor au crédit avant que ses ailes se fussent séchées et eussent grandi sous la bénigne influence d'un nouveau printemps; enfin, de couver en idée et de promettre en l'air, quelque emprunt de quelques milliards à 4 pour 100, avant qu'un ou deux cents millions seulement eussent été obtenus au-dessous de 6 pour 100?

Hélas! le ministre n'a pas vu qu'en prenant les devants sur le temps, le temps allait se mettre à ses trousses. Il faut le plaindre; il faut pleurer à bon escient: et que nos larmes coulent, tant que ses yeux si secs ne viendront pas à s'humecter, à s'inonder. *Nulli flebilior mihi.*

En fait d'édification, le monument des 3 pour 100 se modèle sur la fameuse tour de Babel. La paix qui jette ses voiles sur l'ancien monde ; les matériaux qui ont été façonnés de longue main ; les manœuvres qui sont convoquées des quatre points cardinaux, tout se ressemble.

Et pour accomplir le parallèle, voilà que la confusion des langues se manifeste au pied de l'œuvre gigantesque. Le Destin, puissance d'ordre transcendant, devant qui les dieux de l'Olympe ne sont que des marmouzets, a porté l'arrêt fatal : *Tout ce que le génie tramera en faveur du succès, tournera en revers au détriment du génie.*

Le génie s'est dit en lui-même : « Jetons l'indemnité dans les fondemens ; posons-la en guise de pierre d'attente ; qu'elle remplisse l'office de ces corps morts qui sont coulés bas au milieu des rades, à l'effet d'y amarrer les galions du Pérou. »

Ainsi l'indemnité sera liquidée en la forme insolite des 3 pour 100 ; sera acquittée par cinquième, sous un délai indéfini ; sera assaillie, obsédée, circonvenue d'obstacles de toute sorte.

Mais les parties prenantes, irritées des mesures, troublées par les présages, n'ont de repos qu'après avoir vendu leurs droits encore éventuels. On entend parler de toute part de ces négociations à 50, à 47 pour 100, faites avec les Juifs de quartier, car l'espèce en pullule, depuis les sommités de la chaussée d'Antin, jusqu'aux égouts de la rue Montmartre ; et c'est pour des sommes énormes, d'autant que les porteurs de billets gagnans à la loterie de l'indemnité, tremblent qu'il n'y ait quelque retour tardif vers la justice. Bientôt les reins de la banque auront ployé sous le faix.

Le génie s'est dit : « Le printemps luit. Et pourquoi les boues glissantes de l'hiver, la poussière aveuglante de la canicule, reviendraient-elles jamais? Que ne levons-nous les vieux pavés de la place? Implantés dans le sol, incrustés par le temps, ils font masse ; un tremblement de terre passerait sans les ébranler. Le pic en aura raison, et bientôt taillés en facettes, ils viendront se caser aux murs de notre édifice. »

Ainsi, tous les artifices sont employés pour parvenir à cette fin. « Il n'y aura plus d'amortissement, il y aura remboursement, et l'intérêt va choir à 4 ou 3 pour 100, et tous les emplois vont s'esquiver, et la rente nouvelle va s'exhausser à 85 et 90. Hâtez-vous, chers rentiers; en outre d'un cinquième sur le revenu, vous allez perdre un cinquième sur le capital. »

Mais,

> Tout a l'odeur gasconne, en un banquet gascon;

Et, comme on sait, telle odeur se sent de loin. Qui prouve trop ne prouve rien; qui promet trop ne tient rien. Sous la sauve-garde de ces adages, le rentier se tient coi; il semble que les vieux pavés se serrent plus que jamais; c'est un roc où ne peut mordre le pic. Les murailles étaient prêtes; il ne manque que des pierres.

Le génie se voit forcé de recourir aux carrières de moëllons; si l'édifice est moins solide, on en sera quitte pour le replâtrer plus souvent. Autrement, il n'y aurait pas d'eau à boire pour les goujats.

Or, il existe en quelque recoin, une espèce de banque; il a existé, dans ces derniers temps, de certains prêts sur gage : eh bien! que la banque apprenne enfin son métier; que les certificats éteints de leur belle mort, ressuscitent plus frais que jamais. Puis, criez, bonnes gens, criez, gens honnêtes; qu'importe! ce serait un casse-tête d'écouter tout ce monde, à peine s'entend-on soi-même.

Il existe des cautionnemens, une part en écus qui sont bien au pair, une part en rentes qui sont au-dessus du pair. L'affaire est lucrative et légale en outre. « Leur fixation a toujours été faite en vue de la valeur des rentes, et aux termes de la loi du 1er mai, les 5 pour 100 à 75 représentent *identiquement* la même valeur que les 5 pour 100 à 100. » (Ordonnance du.... juin.)

Point de scrupules puérils ; que les cinq se transmutent en trois ; que les géans se travestissent en nains. Il est écrit que les cours de la bourse ne prévaudront jamais contre les termes de la loi, que les 5 pour 100 ne fléchiront pas d'un centime au-dessous de 75, qu'ainsi les bailleurs de fonds et le Trésor n'auront rien à perdre ; et, en tout cas, des argumens de valeur identique ne manqueront pas, pour couvrir la contre-marche.

Enfin, il a existé à l'apogée du crédit de l'empire, même sous l'ère triomphale de l'avant-dernier ministre, un syndicat des receveurs généraux, en vertu duquel leurs lourdes caisses et leurs blancs-seings étaient dévolus au bon plaisir du ministre ; mais, honni soit qui mal y pense, sous notre férule tutélaire, il n'en sera fait emploi que sous forme de reports : et vraiment c'est œuvre de charité. Cela fend le cœur, à voir comment les engorgés de rentes sont altérés d'écus. Versez-donc, mes amis, versez.

Maintenant, quel sera l'effet de toutes ces manœuvres?

Manœuvre de banque. Il y a peu à dire pour l'instant; nous sommes en calme plat. Mais qu'il survienne quelque bourrasque : et le trésor, armé du précédent, se portera sur la banque ; et les actions seront froissées dans la bagarre ; et les billets seront repoussés de porte en porte : il faudra courir après un sou valant, en espèces ayant poids. Si simple et si innocente, la foi ne pardonne jamais à qui osa la violer.

Manœuvre des cautionnemens. Ici c'est toute autre chose. La valeur identique aux termes de la bénévole loi ne sera admise que pour valeur en compte, pour valeur aux risques, suivant les rigides clauses du contrat. Après les cris qui ne feront rien, viendront les actes qui font tout.

Quant au ministre, il s'endort entre ses coffres mis à sec, charmé de n'être plus troublé par l'importun froissement des écus. Mais il en est autrement des bailleurs de fonds. Qu'est-ce donc ? Nous étions colloqués en 5 à 102 et 103; nous voilà convertis en 3 à 75 à 76. Y aura-t-il hausse au pair nouveau, jusqu'à 100 ? nous n'y gagnons rien : y aura-t-il baisse au vieux pair, jusqu'à 60 ? nous y perdons trop. Pour 4 pour 100 à recevoir par an, ce n'est pas la peine d'abandonner 15 ou 20 pour 100 à jamais. Nous retirons nos fonds.

Et d'autre part, bien que le ministre ne s'en

doute, les receveurs se mettent à la baisse, vendant et revendant sous main, ceux-ci par la crainte de compromettre leurs cautionnemens; ceux-là en colère de se voir jeter la face sur le parquet. Ils ont déjà commencé; ils n'en finiront pas. Dignes gens, que le Ciel les protège!

Manœuvre du syndicat. Le ministre forme un syndicat : c'est sans doute en faveur des rentiers. Pourquoi n'auraient-ils pas voix en chapitre? leurs droits, leurs besoins, leurs désirs sont aussi sacrés que tant d'autres.

Non, il s'agit des receveurs généraux et particuliers, du ban et de l'arrière-ban des vassaux du fisc; et le syndicat n'est qu'une mécanique à reports. Des reports, disent les gens *de la langue d'oil*, même *de la langue d'oc!* Que veut dire ce mot? Le dictionnaire n'en fait point mention : on y lit seulement, *reporter* (reportare) *porter une chose à sa premiere place;* le mot report doit donc exprimer l'acte de porter la rente aux mains de son premier acquéreur, de son dernier détenteur, du rentier.

C'est tout le contraire, mes amis! Ce mot signifie la sorte de mouvement perpétuel, par lequel la rente va passant et dandinant de carnet en carnet, vouée à changer chaque mois de maître, à courir sans fin par vaux et par monts, à la manière du Juif errant.

Et le report s'effectue moyennant l'intérêt légitime ou non, d'un demi ou trois-quarts par lune; et le report est garanti par l'engagement valide ou non, d'un agent titré ou d'un courtier zélé; et si le cours tourne à la débandade, souvent agent et courtier se débandent aussi : et la rente reste au compte du patient, en même valeur *identique*, en toute autre valeur intrinsèque.

Nous voilà au fait, disent nos provinciaux. Mais nous ne voulons pas de rentes, même en baisse; nous ne voulons pas de prêts, même sur parole. Nos fonds étaient placés à notre porte, sous nos yeux; ils étaient remboursables à courte échéance, à notre volonté.

Or, remboursez-nous, et au plus vite, Messieurs du syndicat. Ce nom seul nous rappelle, on ne sait pourquoi, quelque pronostic de faillite. Pauvres écus, quels risques n'avez-vous pas courus? maintenant tranquillisez-vous, thésaurisez-vous : l'orage passera.

Ainsi il n'y a plus de comptes courans, plus de reports, plus de hausse. Le ministre l'avait si bien dit le 5 mai 1824 : *Il ne faut pas vendre la peau de l'ours, avant de l'avoir tué.*

Nous ne sommes pas au bout : il est des gens avec qui on n'en finit que d'une certaine manière, fort peu polie sans doute.

C'était le 25 juin, ce jour même où les feux de paille et de fagots, allumés en l'honneur d'Osiris, semblent projeter leur flamme jusqu'aux confins du firmament, et s'éteignent presque aussitôt sous un monceau de cendres noirâtres, qu'il apparut à Londres un document dont voici la copie figurée :

DETTE DE FRANCE.

CERTIFICAT DE PARTICIPATION, etc.

(*Série* A.) (*N°* 1.)

300 francs de rente au capital de 10,000 francs.

Signé DE ROTHSCHILD.

Contresigné DIDIER.

Ledit document, délivré en vertu des résolutions des ministres, sous les dates du 14 octobre 1816, et 26 mai 1819, et conformément à l'autorisation spéciale de S. Exc. le ministre des finances, du 24 mai 1825; laquelle autorisation est donnée dans l'intention de mettre à même les porteurs, de disposer de leur capital avec plus de *célérité*. (Journal du Commerce, 26 juin.)

Les termes sont précieux. Des résolutions des ci-devant ministres exhumées à neuf ans et six ans de dates, et rétroagissant sur les trois encore inédits! Une autorisation spéciale du ministre gérant, conçue au creux du cerveau, couvée dans l'ombre, lancée à travers les gros temps et les mers en courroux! le tout sans aucun droit, sans nul motif, autant qu'il apparaît du moins.

Les formes sont piquantes. Un effet au porteur qui se transfère à la minute, et doit gambader de main en main, ou assommer la place d'un seul coup; un effet au minime chiffre de 500 francs de rente, qui s'en va vainement glaner, après tous les emprunts d'Amérique, au champ des richesses anglaises, qui s'en va piteusement quêter autour du splendide banquet de l'*ex-change*, quelques reliefs rejetés des convives, et tombés sous le balai de la valetaille.

Cependant tout serait pardonné à l'homme, rien du moins n'étonnerait de l'homme, si ce n'était que le certificat susdit porte ces mots en majuscules : DETTE DE FRANCE.

Dette de France : ici l'honneur la paie; là bas, le ridicule s'en joue : elle est honnie, baffouée, vilipendée; elle est soumise aux caprices de l'enchère, aux périls du rabais. Quelle est cette voix rauque? Celle du crieur de la Bourse. « A 75 fr. 5 cent., les français : en veut-on, n'en veut-on pas? Personne ne répond ; à demain, Messieurs, à après-demain, les français. »

Mais le ministre ne sait rien, ne sent rien. Serait-ce donc sur le pigmée des Deux-Siciles, ou sur le géant d'Albion, que devrait se modeler le génie de la France? Voyez seulement si les trois anglais, tantôt à 105, tantôt à 47, se sont jamais ingérés de passer sous les fourches caudines. Voyez comment les cinq napolitains, paralysés devers 90, ont profité à aller faire le pied de grue, loin de leurs foyers.

Toute l'ambition se borne à faire imprimer un mouvement de hausse aux trois anti-français : trop vains espoirs! les places de Paris et de Londres sont liées par les exprès du commerce, peut-être par le télégraphe ; à peine y a-t il plus loin d'une place à l'autre, que d'un jour de bourse au lendemain ; celle où l'effet existe en masse, fait le cours de celle où il est débité en molécules.

Les suppliques, les larmes même, n'obtiendraient pas ce fameux coup de fouet, qui fut appliqué en 1818, par les banquiers anglais et hollandais, à nos vieilles rentes, à peine relevées d'une longue crise. Et que le ciel nous en préserve; chacun se rappelle comment lors de la débâcle, les traitans s'esquivèrent à propos, enlevant nos capitaux, nous rejetant toute la perte, et soufflant, attisant le discrédit entre nous. Le coup de fouet devint un coup de massue.

Au reste, qu'importent et les succès et les revers qui incomberaient aux trois Villèle? De quoi vit un état, en dedans et au dehors, à l'heure même, et dans l'avenir? Rien que de l'honneur. Celui-là serait lapidé, au moins des yeux, de la langue et de l'âme, qui, du haut de son char de triomphe, n'aurait qu'à s'écrier : *Tout est sauvé, fors l'honneur*.

Tu triomphes, Jérusalem ! glorifie-toi de tes œuvres ! exalte-toi en actions de grâce ! Voilà qu'il apparaît tout resplendissant de lumières, le Messie attendu depuis des siècles ! Les trônes s'abaissent devant lui ; les lois, les mœurs, les usages mêmes, tout subit le joug ! Vainement les Jonas nouveaux s'écrient : *Encore quarante jours, et Ninive est détruite.* Triste Ninive ! au lieu d'honorer tes pénates indigènes, pourquoi irais-tu sacrifier sur les hauts lieux ? Les hauts lieux attirent la foudre.

Voyez ce monument colossal plutôt que grandiose, qui couronne une rue trop célèbre aux fastes de l'agiotage. Le ministre a dit : « Que la France soit confinée et parquée, corps et biens, sous les limites de l'octroi ; que Paris soit cloué et rivé à demeure, aux colonnades de la Bourse. Je le veux ; dorénavant, le cours des destins du royaume sera coté au parquet et proclamé par la voix du crieur. »

Il dit et convoque les lévites du nouveau culte. Quel sera le grand-prêtre ? Nouveau Samuel, son doigt ne peut-il pas être appelé à désigner, à consacrer les princes de ce bas monde? Nouveau Samson, ses reins ne doivent-ils pas être conformés de sorte à soutenir cet édifice qui pointe jusqu'aux nues et vacille dans ses fondemens!

Un fils de Judas réunit seul de tels titres; un fils de Judas est intronisé dans le sanctuaire. Que les adeptes se prosternent; que les mécréans tremblent; tout pouvoir lui est donné sur la terre. Une pluie d'or abreuvera les gens de sa suite; ses ennemis seront consumés sous un ciel d'airain.

Mais qu'avez-vous donc fait, ministre mal avisé? Les chants ont cessé; d'un coup de baguette, il semble que la France soit désenchantée; le morne silence règne, à peine entrecoupé par les accens étouffés de la plainte et de l'épouvante. C'est la joie publique, c'est la paix publique, que vous venez d'immoler aux autels d'Israël!

Et vous-même, car qu'importe le reste, et vos projets, vos destins, vous avez tout joué; tout est perdu: car il n'ira pas s'atteler à votre char fracassé; il n'ira pas entonner à lui seul l'hymne de votre triomphe, celui-là qui domine la banque, qui possède les cabinets

> Et par droit de conquête et par droit de naissance.

Hélas! vous ne connaissez pas la juiverie! nation nomade d'esprit, exotique sur la terre, hétéroclite entre les peuples; nation unie par l'anathême, isolée par le mépris, concentrée par la haine; nation habile en ses vues, profonde et subtile, tenace et hardie, qui serre ses tentes, se voue à quelque chef, et marche comme un seul homme.

L'Angleterre la connaît, et elle connaît l'Angleterre. Ce n'est pas sous ce climat que l'autocrate des Hébreux a fixé son gîte et jeté ses lignes; ce n'est pas dans ce pays qu'il lui a été conféré de disposer des existences, comme de choses à lui appartenantes. Abandonnée au milieu des dangers, l'Angleterre n'a pas désespéré, et s'est suffi à elle même. L'Angleterre préférait de périr plutôt que de mendier des secours qui eussent flétri son nom, qui auraient agravé sa ruine, en la retardant de quelques instans.

L'horoscope est facile à tirer : don Juan a fait un pacte; quelques bonnes fortunes lui tournent la tête; il ne doute plus de rien, ne craint rien. Et c'est à la table du festin que tout-à-coup le sol se dérobe sous son siége, l'entraînant dans l'abîme.

Il n'y a pas moyen de tromper les Juifs; les juifs n'ont d'autre métier que de tromper; tel fin qu'il soit, qui joue avec eux est joué par eux.

Or, vos Juifs se seront peut-être avancés de pas en pas, au-delà de leur dessein; mais il leur aura été donné des gages de sorte ou d'autre. A quel prix, par quels moyens pourrez-vous les retirer?

Ils se seront engagés devers vous, à travailler sur nouveaux frais. Y a-t-il des risques pour eux? ils auront obtenu des garanties; n'y a-t-il que des profits? ils auront exigé quelque prime. En tous cas, ce n'est qu'un engagement d'honneur; vous y reposez-vous?

Vous avez promis en paroles plus que n'ont tenu les temps; l'échec tournera à votre dam, le déficit vous sera passé au débit. A ce compte, n'êtes-vous pas déjà fort en arrière, presqu'en déconfiture? si bien que leurs obligations restent pour mémoire.

C'était en participation entre vous et eux, que devait s'opérer l'ascension des 3 pour 100. La mise de fonds se faisait, de votre part, en intrigues au comptant, en influence à échéances, et, de leur part, en écus de poids, en effets de valeur. Ils sont quittes; et vous, si fervens à solder le comptant, comment vous tirerez-vous aux échéances? Toutes vos rentrées manquent; l'opinion vous fait faillite.

Cependant les choses iront tant bien que mal: il y aura quelque soudaine effervescence, avant ou après le délai fatal, on ne sait trop. Et pour que les juifs fassent leur affaire, il faudrait bien que la hausse eût lieu plus tôt que plus tard, car si la masse des rentes converties n'était pas considérable, ce serait chose impossible de susciter, de pousser la fermentation.

Or, quelles forces sont aptes à préparer le grand œuvre? Non pas vos discours ni les écrits de vos valets qui réagissent en sens inverse; non pas vos manœuvres qui, mises en jeu tout d'abord, sont usées jusqu'à la corde. La banque israélite devra se sauver sans aide, soit en vous soutenant à flot, soit en vous coulant à fond, et songez que rien ne lui est plus indifférent.

Un jour ou l'autre, et pour un moment ou deux, le cours s'élève. Grande nouvelle! La mouche du coche se pâme et les frelons se jettent sur la curée. Il n'y a pas de temps à perdre, il n'y a rien à ménager : les engorgés dégorgent le trop-plein, tellement que la place est submergée de rentes. Et ils ne musent pas sur la foi trop compromise du magicien, étant depuis long-temps balottés d'espoir en espoir, et pressurés à chaque liquidation, étant impatiens de retirer avec quelques sacrifices, leur enjeu qui s'est écorné de report en report, à peu près comme se minent, sous l'action d'un flot rongeur, les rives fleuries de la Garonne.

Quelle catastrophe! Petits et grands, tous suivent à la piste les erremens du régulateur suprême. Et malheur à qui hésite, à qui barguigne! la peur va l'assaillir plus tard, va le presser de son aiguillon envenimé : mais les portes du temple se ferment sur lui ; la divinité s'est retirée : l'heure de la délivrance n'est pas prête à sonner.

Peut-être les juifs sont-ils sauvés puisque les chrétiens sont perdus ; peut-être aussi sommes-nous perdus, sans qu'ils soient sauvés : le pilote qui tient la barre, se voit souvent emporté par la lame.

Evoquons les mânes de Corvetto. Ombre trop chère, raconte-nous tes hauts-faits, déploie tes bannières triomphales ; dis comment l'émissaire d'Albion, déjà enrichi de nos dépouilles, dut à ta délicatesse plus que française, d'être dégagé d'un marché devenu onéreux : dis comment les fonds morts et les crédits qui portaient la vie, furent détournés de leur cours pour imbiber de quelques gouttes d'eau, le gosier desséché du crédit !

Ces temps ne sont pas oubliés, où le gardien du trésor, cédant à des suggestions perfides, trahit ses devoirs, vida ses caisses, et ne réussit pas.

Et cependant le ministre de 1818 n'avait point consumé ses forces vitales, pour donner la première impulsion, tandis que celui de 1825, épuisant son carquois, dilapidant ses arsenaux, dès l'ouverture de la campagne, n'aura plus qu'à tendre son dos piteux, aux horions redoublés qui lui tomberont du camp allié comme du camp ennemi.

Quoi que vous soyez, monarchie ou république, chrétienté ou juiverie, homme d'état ou homme d'affaires, daignez laisser le crédit, prendre la mer à propos, serrer ou larguer les voiles suivant le temps, côtoyer le rivage ou sillonner le vaste Océan. Iriez-vous l'enchaîner aux bancs de la galère, et le faire remorquer par vos forçats : en peu d'instans, l'amarre se rompt, la chiourme se révolte, le navire jette en vain son lest, et se perd sur les bas-fonds.

FIN

PARIS, DE L'IMPRIMERIE D'A. ÉGRON,
rue des Noyers, n° 37.

www.ingramcontent.com/pod-product-compliance
Ingram Content Group UK Ltd.
Pitfield, Milton Keynes, MK11 3LW, UK
UKHW032016260826
14628UKWH00006B/2507

9 782329 582467